Janvier 2006
Editions Mijade (Namur) pour cette édition
Traduit du néerlandais par Maurice Dechene

© 2003 Les éditions du Pépin (Bruxelles)
pour la première édition en langue française

Titre original :
Kleine Ezel en de oppas
Léopold Uitgeverij (Amsterdam)
Texte © 2003 Rindert Kromhout.
Illustrations © 2003 Annemarie van Haeringen.

ISBN 2-87142-522-1
D/2006/3712/08

Imprimé en Belgique

Rindert Kromhout

Petit Âne et la baby-sitter

Annemarie van Haeringen

Mijade

Ce soir, Maman Âne va au cinéma avec Bouc.
«Je ne veux pas que tu partes», dit Petit Âne.
«Je n'en ai pas pour longtemps», promet Maman.
«Poule va venir te garder.»
Petit Âne réfléchit et dit :
«Je ne suis plus un bébé. Je peux rester tout seul.»

« Bonjour, bonhomme », dit Poule.
Elle s'installe confortablement dans le divan.
Petit Âne sert le thé.
« Ça, c'est gentil ! Je suis sûre qu'on va bien s'amuser tous les deux. »

«Que dirais-tu d'une délicieuse assiette de bouillie?»
demande Poule.
«Je veux des frites», dit Petit Âne.
«Des frites? Maintenant?» s'étonne Poule.
«Maman veut bien», dit Petit Âne.

Poule aussi décide de se faire plaisir.
Elle ouvre l'armoire de la cuisine
et attrape un gros morceau de fromage.
« Maman ne veut pas qu'on ouvre l'armoire », dit Petit Âne.
Mais Poule avale quand même tout le morceau.

« Je veux une histoire », dit Petit Âne.
« D'accord », dit Poule. « Juste une petite avant d'aller dormir. »
« Il était une fois un gentil petit âne qui s'apprêtait sagement
à enfiler son pyjama car il était très fatigué.
Il se réjouissait d'aller se coucher… »
Petit Âne n'aime pas beaucoup cette histoire.

« Je veux aller jouer dehors », dit Petit Âne.
« Il est trop tard pour sortir », répond Poule.
« Avec Maman, je peux », dit Petit Âne.
« Bon, d'accord. Mais pas plus de cinq minutes alors », dit Poule.

Petit Âne se précipite aussitôt dehors.
« Yackie ! » s'écrie-t-il.
« Oh ! Petit Âne ! » s'exclame Petit Yack, content.
« Maman est partie faire une course.
Je viens jouer avec toi. »

Les deux copains courent partout dans le jardin,
pataugent dans la boue et s'éclaboussent avec l'eau de l'étang.
« Les garçons, soyez prudents ! » crie Poule
depuis la fenêtre de la maison.

Petit Âne va chercher ses jouets.
« Vous faites la paire, tous les deux », dit Poule en secouant la tête.
« Maman ne dira rien », dit Petit Âne en souriant.
« Ma maman me laisse toujours tout faire »,
ajoute-t-il à l'attention de Petit Yack.
« La mienne aussi », dit Petit Yack. « Elle est très gentille. »

«Yackie! Il est temps de rentrer!» crie soudain Maman Yack.
«J'arrive, Maman!»

Et Petit Yack disparaît.

Petit Âne est assis dans l'herbe. Il est ravi.
Il s'est amusé comme un fou.
« Maintenant, il faut ranger », dit Poule.
« Avec Maman, je ne dois jamais le faire », dit Petit Âne.
Poule n'est pas d'accord et elle se fâche :
« Ça suffit ! Tu ranges tes jouets. Et vite. »

La bouche de Petit Âne se met à trembler.
« Je veux Maman », dit-il. « Et toi, va-t'en ! »
Il s'élance soudain vers la maison et…aïe !

Petit Âne tombe lourdement sur ses petits genoux
et sur son museau. Il éclate en sanglots.
Poule accourt aussitôt. « Mon pauvre chéri, tu t'es fait mal ? »
« Oui », gémit Petit Âne.
« Viens t'asseoir près de moi », dit Poule.

«Avec un bonbon, ça ira mieux», dit Petit Âne.
«Est-ce que ta maman serait d'accord?» demande Poule en adressant un clin d'œil à Petit Âne.
«Bien sûr», répond Petit Âne d'un ton décidé.

Petit Âne a terminé son bonbon mais il a toujours mal.
« Avec de la limonade, ça irait encore mieux », dit-il.
« Tu crois ? » dit Poule qui en profite pour se servir aussi un verre.
Cette fois, Petit Âne ne dit rien.

«Avec une histoire, je n'aurais plus du tout mal», dit Petit Âne.
«Une histoire? Quel genre d'histoire?» demande Poule.
«L'histoire d'un petit âne qui s'est fait mal en tombant.»
«D'accord», dit Poule. «Il était une fois un petit âne
qui était tombé. Oh là là! Comme il avait mal…»
Petit Âne aime bien cette histoire.
Mais il se sent fatigué, tellement fatigué…
Il commence à bâiller…

«Mon petit âne a été gentil?» demande Maman.
Poule sourit. «Oh oui, votre petit galopin a été gentil.»

« Il faut te réveiller, Petit Âne », dit Maman.
« Tu as besoin d'un bon bain. »
« Avec Poule, je ne suis pas obligé », gémit Petit Âne.